BRIGITTE BELLON

Weihnachtliche Klöppelmotive

Barbara Fay Verlag
Gammelby 1993

Die Deutsche Bibliothek - CIP-Einheitsaufnahme

Bellon, Brigitte:
Weihnachtliche Klöppelmotive / Brigitte Bellon. -
Gammelby : Fay, 1993
ISBN 3-925184-84-8

Printed in Germany

Fotos: Brigitte Bellon

Satz und Layout: Rolf D. Fay

Druck und Verarbeitung: Georg Riederer Corona GmbH,
Stuttgart

ISBN 3-925184-84-8

INHALTSVERZEICHNIS

Jedes Jahr braucht man Weihnachtsgeschenke für Menschen, die fast alles haben. Mit einem ganz persönlichen Geschenk, das selbst angefertigt wurde, wird man sicher Freude bereiten. Oft ist es dazu noch das liebevolle Drumherum, das besonders anspricht: eine hübsche Verpackung, ein origineller Anhänger.

In diesem Büchlein werden vorwiegend Klöppelbriefe für kleine Motive angeboten, die zunächst als Geschenkanhänger und später als Christbaumschmuck dienen können. Andere lassen sich zur Gestaltung von exklusiven Karten oder für Bilder verwenden. Eine Abschlußspitze für einen weihnachtlichen Läufer rundet das Thema ab.

Ich möchte wieder dazu ermuntern, an den Mustern kleine Veränderungen vorzunehmen. Es ist erstaunlich, wieviele Varianten mit etwas Phantasie aus einem Grundmuster entstehen können.

Die Garnstärke soll nur als Empfehlung verstanden werden. Für die abgebildeten Muster wurde das schwedische *Bockens*-Garn in der angegebenen Stärke verwendet. Wer die Motive duftiger wünscht, nehme dünneres Garn, wer sie kompakter liebt, nehme dickeren Faden.

Herzlich danken möchte ich Schwester Gabriele Neumeier, Abenberg, für das Ausklöppeln der Läufer-Abschlußspitze.

Brigitte Bellon

Muster 1

Zwei-Kerzen-Motiv (klein)

Klöppel: 9 Paare
Material: Leinen 50/2 bis 60/2

Beginn bei A.
Ring unten klöppeln, davon 2 Paare liegen lassen für den Ring der zweiten Kerze.
Die Kerze nun den Pfeilen entsprechend arbeiten.
Ein Paar vom Formschlag über den Leinenschlag hinwegführen. Es wird später für den Schein der zweiten Kerze benötigt.
Als Übergang von der ersten zur zweiten Kerze klöppelt man die Hälfte des Ringes.
Nach Fertigstellung der zweiten Kerze wird abschließend die andere Hälfte des Ringes geklöppelt.

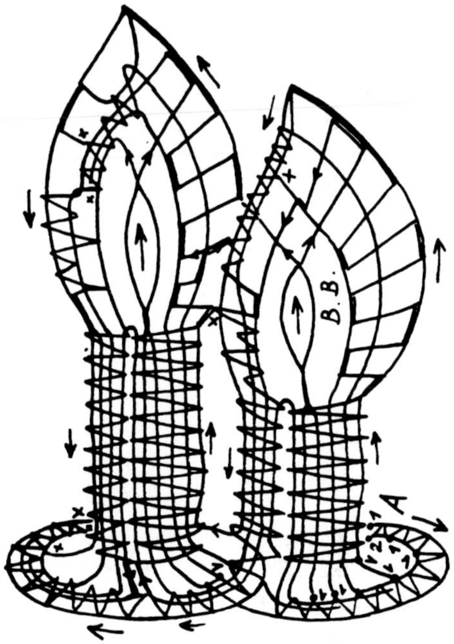

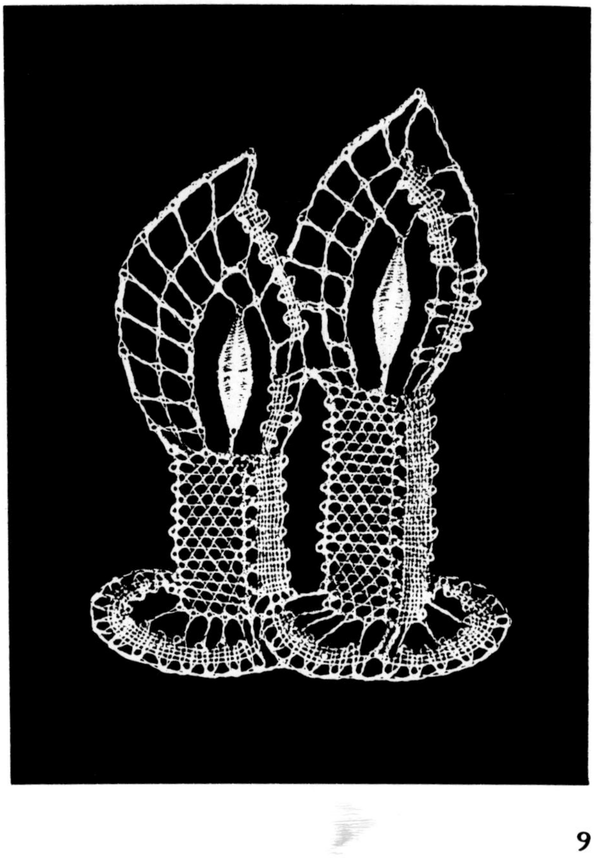

Muster 2

Zwei-Kerzen-Motiv (groß)

Klöppel: 9 Paare
Material: Leinen 60/2

Im Prinzip wird das Motiv gearbeitet wie Muster 1.
Man beginnt die große Kerze mit 6 Paaren unten an den Flechtern, klöppelt das Leinenschlagrändchen und geht dann über zum Flammenschein. Für den Formschlag werden weitere 2 Paare eingehängt. Sie gehen in den Halbschlag des Kerzenscheines. Die äußeren beiden Paare werden für den umlaufenden Flechter verwendet. Für den Löcherschlag braucht man nur 5 Paare. Das sechste Paar bleibt an der aus der Zeichnung ersichtlichen Stelle liegen. Der Übergang von einer zur

anderen Kerze wird wieder von Flechtern gebildet. Dazu muß ein weiteres Paar eingehängt werden, das nach Fertigstellung des folgenden Leinenschlagbändchens verknotet wird. Dafür kommt das Paar von der ersten Kerze hinzu. Den Formschlag klöppelt man erst nach Fertigstellung des Kerzenscheines. Die beiden Paare werden auf der Rückseite zur Kerze zurückgeflochten. Eines der beiden Paare wird verknotet, ebenso eines vom umlaufenden Flechter. Für den Ganzschlagrand sind 6 Paare nötig.

Muster 3

Stern mit Formschlägen

Klöppel: 6 Paare
Material: Leinen 50/2

Der Stern wird in zwei Runden geklöppelt; zuerst die geflochtene Mitte mit 6 Paaren. Die zweite Runde sollte entgegen dem Uhrzeigersinn gearbeitet werden, weil sich so die Paare aus der ersten Runde besser weiterführen lassen. Beim ersten Formschlag ist ein Hilfsfaden einzulegen, damit am Schluß beim Verknüpfen nicht eingehäkelt werden muß. Die Paare vom Formschlag laufen als Rißpaare ins Zickzackrändchen. Das Rändchen beginnt man mit den beiden neu eingehängten Paaren. Eines davon wird Laufpaar, das andere Ganzschlagpaar am äußeren Rand. Zwei Paare vom geflochtenen Stern sind auf dem Rändchen zu verknüpfen. Für die Drehstelle verwenden wir das linke Rißpaar, das durch das rechte hindurchgeführt wird zur Flechterspitze.

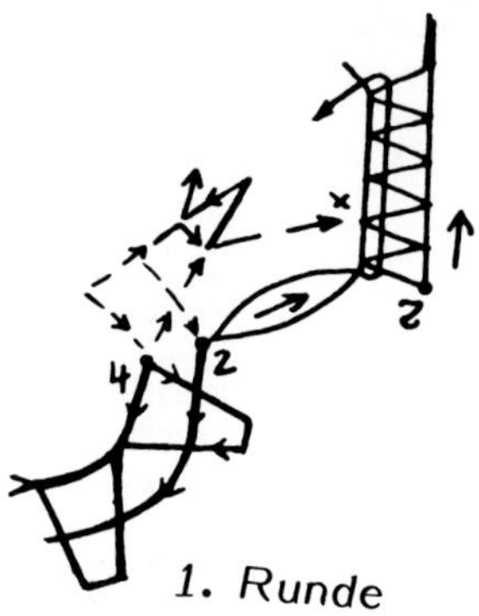

1. Runde

Der Anfang der 1. Runde sowie der Übergang zur 2. Runde

Muster 3

Muster 4

Stern mit 8 Zacken

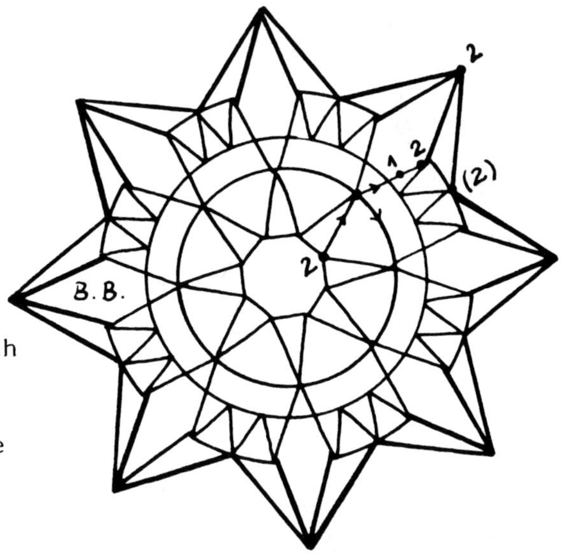

Klöppel 7 Paare
Material: Leinen 40/2

Zuerst innen kleinen Stern für sich klöppeln mit 2 Paaren.
Strahlen sind gedreht.
Nach dem Zusammenhäkeln Paare gleich für nächste Runde verwenden. Die Außenrunde kann ganz verschieden geklöppelt werden. 2 Versionen sind abgebildet (S. 14). Es gibt noch mehr

Variationsmöglichkeiten. Soll der Stern keine Aufhängeschlaufe erhalten, den äußeren Flechter nicht an der Spitze beginnen, sondern am Rändchen (2), wo die Paare am Schluß besser verknüpft werden können.

Muster 5

Engel

Klöppel: 7 Paare
Material: Leinen 50/2

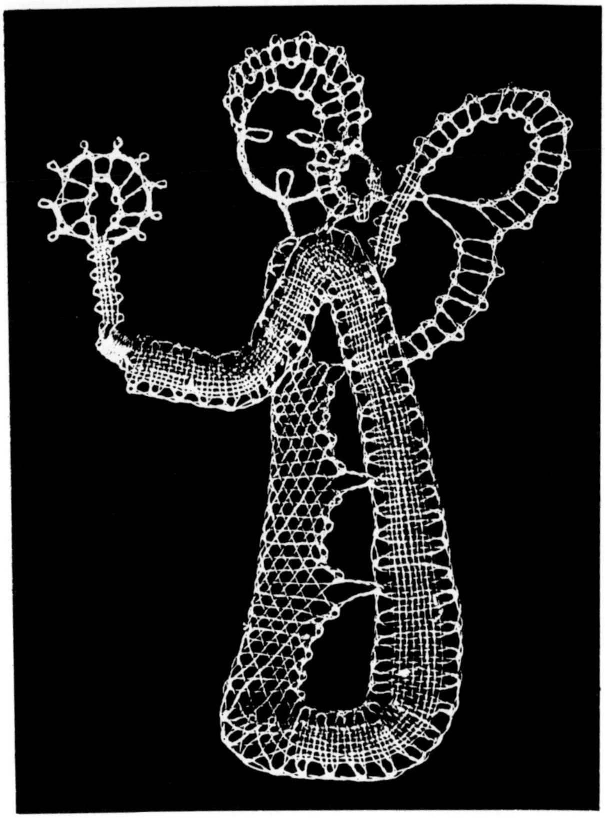

Der Engel in Bändchen-Technik ist leicht und schnell zu klöppeln. Man beginnt das Motiv oben an der Kerze mit 3 Paaren. Nach Lichtschein und Kerze folgt die Hand als quadratischer Formenschlag; in der Mitte liegen 3 Fäden. Für den Arm werden 4 weitere Paare eingehängt. Die Vorderseite des Gewandes wird in Halbschlag ausgeführt. Nach dessen Fertigstellung führt man 2 Paare über das Leinenschlagbändchen und verwendet sie dort für den Flügel. Hier wird noch ein Paar neu eingehängt. Von den übrigen Paaren aus dem Halbschlag werden 2 über den Arm geführt. Mit ihnen wird die Brust geklöppelt. Die restlichen Paare verknüpft man. Hals und Gesicht sind als Flechter ausgeführt, Mund und Augen als große, gedrehte Ösen. Fürs Haar braucht man 2 weitere Paare. Eines davon hängt man bereits am Auge dazu. Die Verbindungslinie vom Haar zum Kinn ist ein falscher Flechter.

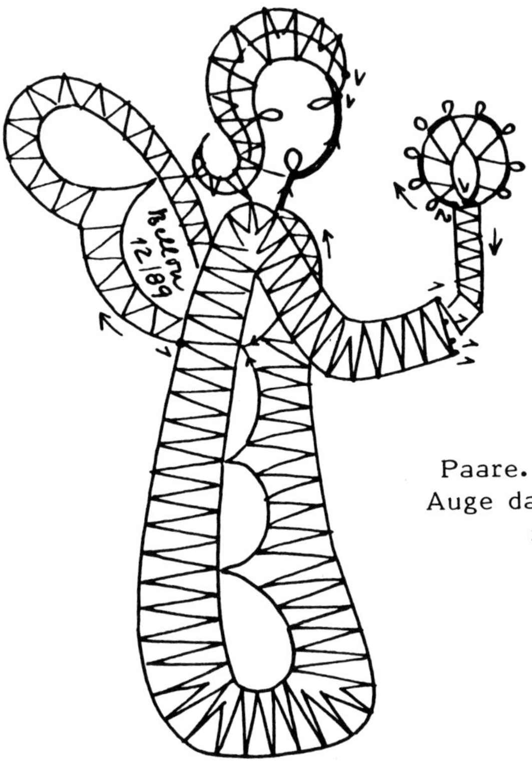

Muster 6

Erzgebirgischer Lichterengel

Klöppel: 8 Paare
Material: Leinen 90/2

Wir beginnen mit dem Formschlag an der Kerze und klöppeln danach den Lichtschein und die Kerze. Die Paare werden nach Angabe eingehängt. Den Übergang von der Kerze zur Hand zeigt die Zeichnung **a**.
Den Arm klöppeln wir mit 6 Paaren. An der Achsel werden Umkehrschläge geklöppelt. Die sich anschließende Ecke — gearbeitet nach der bei Jana Novak beschriebenen Art der Eckbildung — sieht sehr sauber aus (siehe dazu Zeichnung **b**).
Für den Ganzschlag des Oberkörpers ist ein weiteres Paar einzuhängen. Weiter unten wird noch ein Paar eingehängt und läuft in den Halbschlag des Rockes. Der Übergang vom Halbschlag zum Leinenschlag am Saum ist in der Zeichnung **c** dargestellt.
Die zweite Hälfte der Figur wird wie die erste geklöppelt, nur daß jetzt keine Paare hineingenommen, sondern hinausgelegt und verknüpft werden.
Für den Flügel werden 5 Paare eingehängt. An der Spitze oben geht der Ganzschlag in Leinenschlag über. Nach Fertigstellung des Flügels führt man die 3 äußeren Rißpaare mittels Flechter über den Leinenschlag des Körpers (so daß er auf der rechten Seite nicht sichtbar ist) zur Gegenseite. Das Laufpaar und ein Längspaar (Rißpaar) bilden den Hals. Fürs Haar ist ein weiteres Paar nötig. Die Augen bestehen aus großen Zänkelchen. Der Mund wird ebenfalls gedreht und ein Paar wieder verknüpft. Die anderen beiden Paare laufen zum Flügel.

a Übergang der Paare von der Kerze zu Hand und Ärmel

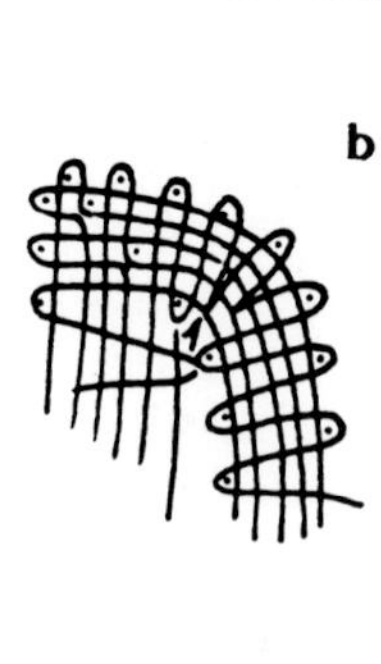

b Verlauf der Paare an Schulter und Ecke

c Schemazeichnung für Übergang der Paare vom Halbschlag zum Leinenschlag am Saum

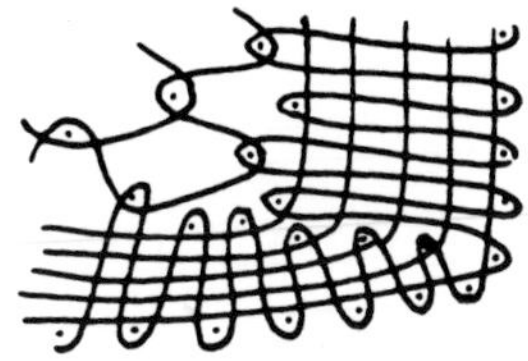

d Verlauf der Paare an der Flügelspitze

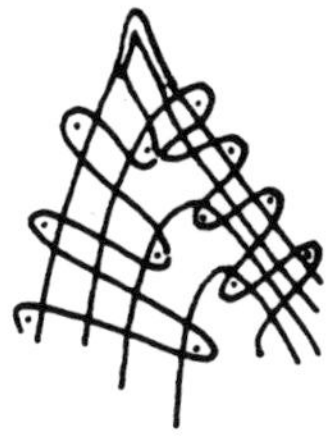

Muster 7

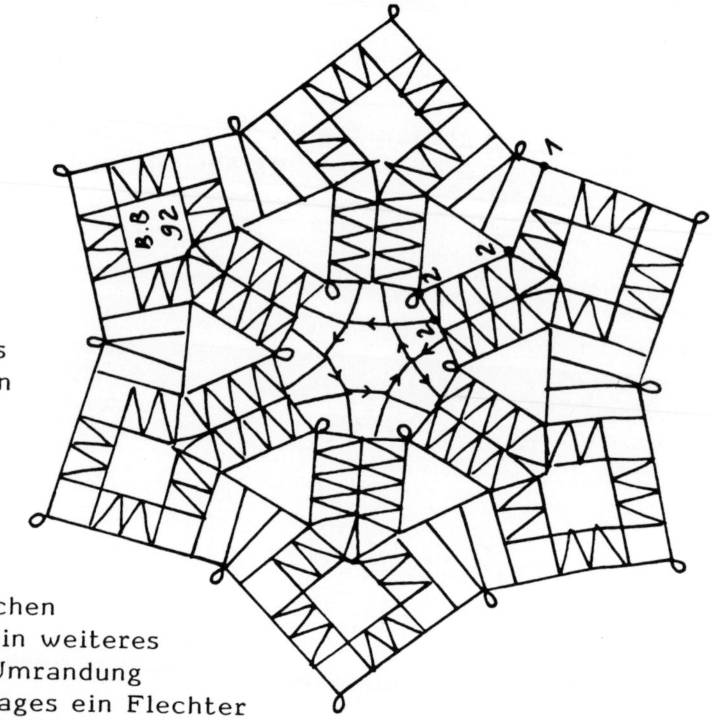

Stern

Klöppel: 7 Paare
Material: Leinen 60/2

Die Zacken des Sternes werden im wesentlichen durch ein Bändchen gebildet, das mit 4 Paaren geklöppelt wird. Es müssen 2 weitere Paare eingehängt werden, die nach Cluny-Art durchs Bändchen laufen. Außen kommt ein weiteres Paar dazu, so daß als Umrandung anstelle eines Ganzschlages ein Flechter geklöppelt wird.

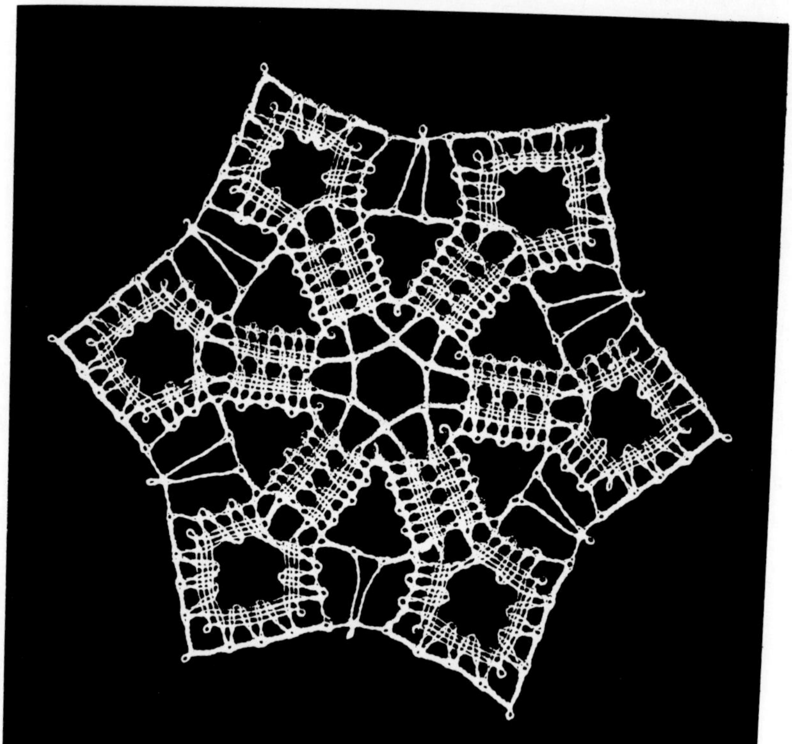

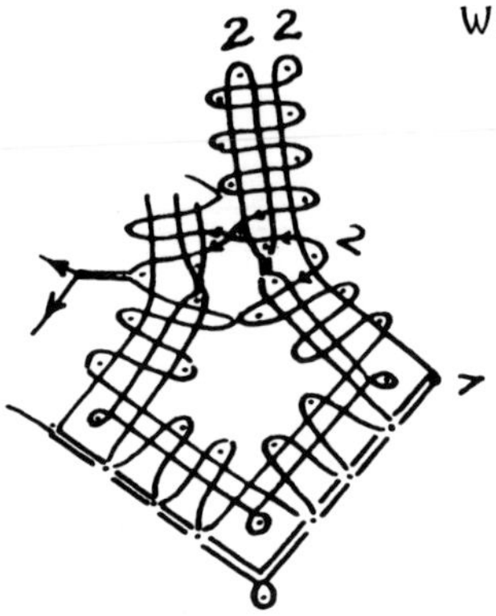

Wie die Ecken des Bändchens zu klöppeln sind, ersieht man am besten aus nebenstehender Schemazeichnung. Nachdem die erste Zacke des Sternes fertig ist und die beiden Leinenschlagpaare innen als Flechter weiterlaufen, gleich das kleine Sechseck arbeiten und schließen!

Der Beginn des Bändchens und weiterer Verlauf der Paare

Muster 8

Aufhänger 'Pilz'

Klöppel: 16 Paare
Material: Leinen 60/2

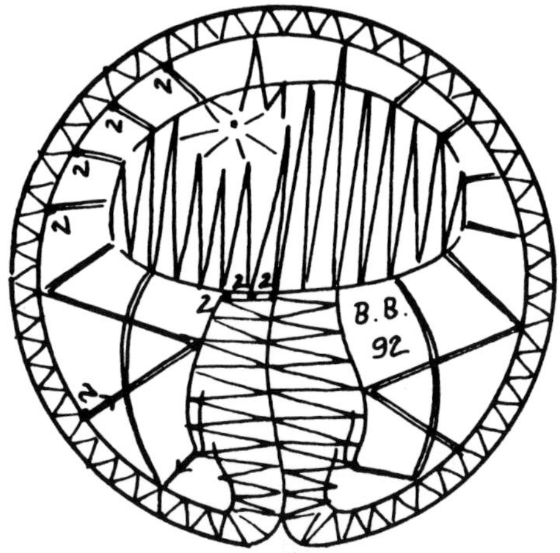

Zuerst klöppelt man die linke Stielhälfte mit 6 Paaren und geht in den Außenring über. Mit 10 neu eingehängten Paaren klöppelt man zunächst Flechter und dann im Hut Halbschlag. Auf der Gegenseite werden die Paare auf dem Außenrand verknüpft. Die verbliebenen 6 Paare werden für die zweite Hälfte des Stieles verwendet. Nach dem Anhäkeln am Hutrand werden sie auf den Leinenschlag zurückgelegt und dort verknüpft.

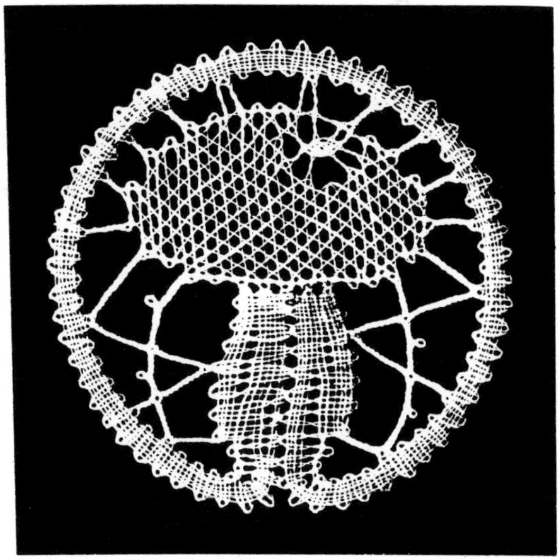

Muster 9

Kerze in gotischem Spitzbogen

Klöppel: 21 Paare
Material: Leinen 50/2

Das Torchon-Muster läßt sich leicht klöppeln. Die erste Hälfte wird von unten nach oben gearbeitet, die zweite Hälfte von oben nach unten. Bei der Kerze muß das Laufpaar in die Ösen eingehäkelt werden. Der Kerzenschein wirkt in Halbschlag statt Ganzschlag geklöppelt sicher auch gut. In den äußeren Rand kann ein weiteres Längspaar hineingenommen werden.

Muster 9

Muster 10

Brezel

Klöppel: 7 - 8 Paare
Material: Leinen 60/2

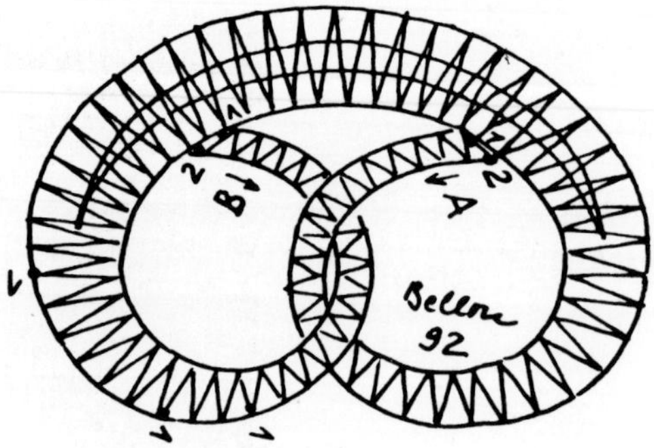

Die Brezel sieht einfach aus. Wenn aber die Verschlingung der Enden naturgetreu sein soll, kann das Bändchen nicht in einem Zug geklöppelt werden. Man muß an beiden schmalen Bandenden beginnen (je 3 Paare). Bändchen A wird zuerst bis zum zweiten Kreuzen geklöppelt.
Bändchen B klöppelt man beim ersten Kreuzen über A hinweg und dann weiter bis zum zweiten Kreuzen. Nun klöppelt man Bändchen B weiter, nimmt aber 1 Paar von A mit. Die restlichen Paare von A werden verknüpft. Ins breiter werdende Bändchen hängt man nach und nach weitere Paare ein, wieviel, hängt davon ab, mit welchen Schlägen man diesen Teil ausführt.

Die beiden Abbildungen zeigen nur zwei Möglichkeiten von vielen.

Muster 11

Stern

Klöppel: 10 Paare
Material: Leinen 60/2

Wir klöppeln in 2 Runden: zuerst den inneren, geflochtenen Stern mit 4 Paaren. Am Schluß der Runde den linken Flechter anhäkeln und den Pfeilen entsprechend zur Leinenschlagform hin flechten. Für den Leinenschlag 6 neue Paare einhängen. Zuerst das obere, vom Flechter kommende Paar hindurchführen, das dann außen als Ganzschlagpaar weiterläuft, dann das zweite Flechterpaar hindurchführen, das als Laufpaar weiterläuft.

Siehe auch Abbildung auf Seite 25

Muster 12

Kleines Sternchen

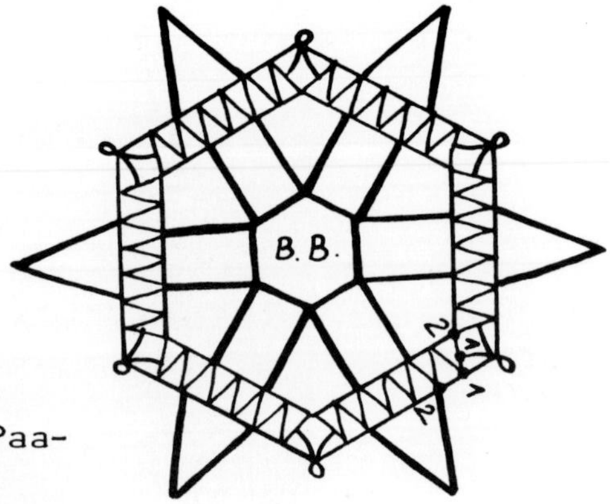

Klöppel: 6 Paare
Material: Leinen 60/2,
evtl. 1 Paar Metallfaden

Wir beginnen am Rändchen mit 4 Paaren und klöppeln Leinenschlag. Für die Flechterspitze nach außen weitere 2 Paare einhängen! Weil für die geflochtene Zacke das Laufpaar des Rändchens verwendet wird, die beiden neuen Paare an die nächste linksseitige Nadel des Rändchens hängen. Die rechten Klöppel eines jeden Paares zum Flechter durchs Rändchen führen, die zwei linken Klöppel werden neues Laufpaar fürs Rändchen.

Von den beiden nach innen laufenden Flechtern wird erst der untere geklöppelt. Die Paare von der äußeren Flechterzacke werden nach Cluny-Art durchs Rändchen geführt: Laufpaar aus dem Rändchen liegenlassen, von äußerem Flechter das obere Paar durchs Rändchen führen. Mit diesen beiden Paaren nun den Flechter klöppeln. Das untere Paar vom äußeren Flechter wird neues Laufpaar.

Innen gleich zu Anfang das Sechseck klöppeln, zusammenhäkeln, wieder nach außen flechten.

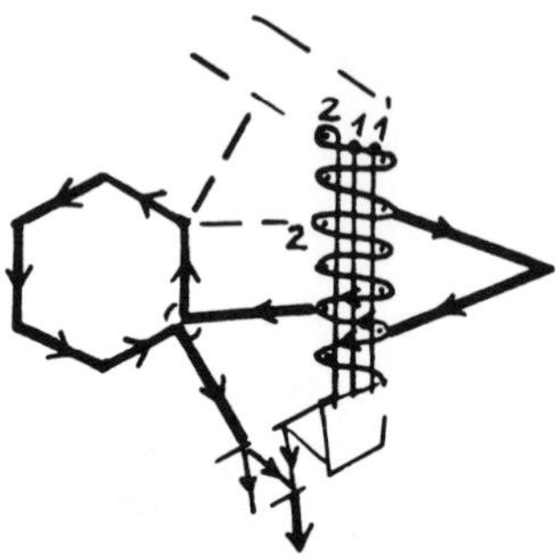

Das erste Sechstel des Sternchens, Beginn und Führung der Paare schematisch dargestellt.

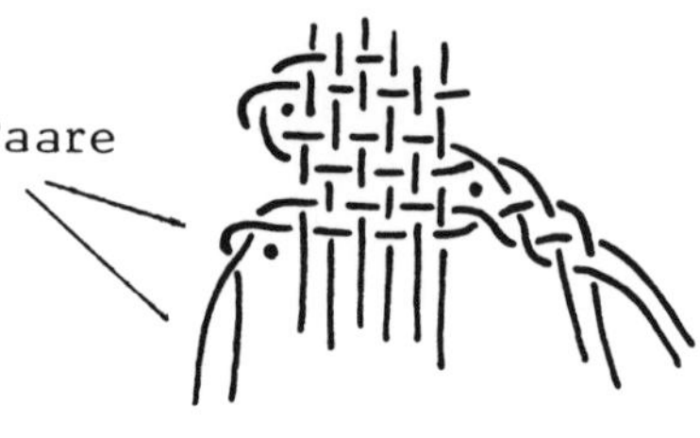

Das Einhängen der beiden neuen Paare für die Flechterzacke

Abbildung siehe Seite 25

Muster 11 und 12

Muster 13

Stern

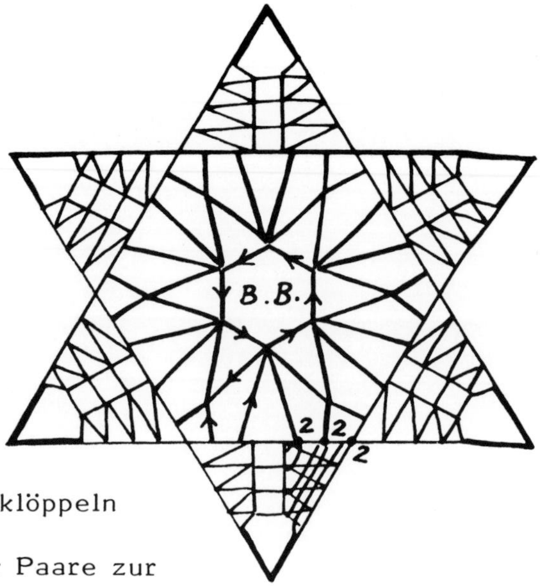

Klöppel: 6 Paare
Material: Leinen 40/2 bis 50/2
oder Metallfaden

Beginn an der rechten Seite einer Zacke. Nach Fertigstellung der Zacke führt ein längerer Flechter nach innen. Gleich das innere Sechseck mitklöppeln (siehe auch Muster 12). Nach dem Zusammenhäkeln der Paare zur nächsten Zacke flechten. Der andere Flechter läuft erst zum Sechseck, wird dort angehäkelt und geht dann auch zur zweiten Zacke. Bei Flechterkreuzung 4paarige Verbindung klöppeln. An den Nadelpunkten des Sechsecks muß jeweils zweimal eingehäkelt werden, das Loch also nicht zu eng machen!

Muster 14

Stern

Klöppel: 6 Paare
Material: Leinen 40/2 bis 50/2
oder Metallfaden (DMC o.ä.)

Man klöppelt eine Hälfte der Zacke nach außen, von der Spitze aus die zweite Hälfte nach innen, entweder in Ganzschlag oder Leinenschlag mit Drehungen dazwischen — je nach Garnstärke. Zur Mitte hin werden 2 Flechter geklöppelt. Vom rechten Flechter nimmt man das linke Paar, dreht mit ihm bis zum Mittelpunkt (durch anderen Flechter mit 3paariger Verbindung), legt es um die

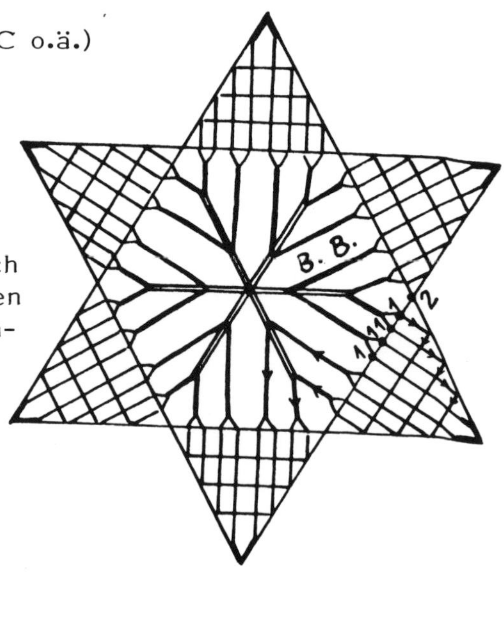

Muster 13 und 14

dort gesteckte Nadel und führt es zum Ausgangspunkt zurück, so daß eine große Öse entsteht. Kommt man das zweite Mal zum Mittelpunkt, wird das Drehpaar um dieselbe Nadel gelegt. Beim dritten Mal steckt man eine Nadel dicht vor der anderen und legt um diese das Drehpaar, so daß die dritte Öse etwas kürzer wird. Ab dem vierten Hinführen des Drehpaares zur Mitte wird immer in die gegenüberliegende Öse eingehäkelt. Beim letzten Einhäkeln werden die vorherigen Drehverbindungen mit umschlungen. Durch die verkürzte dritte Öse wird vermieden, daß sich beim letzten Einhäkeln die Mitte verzieht.

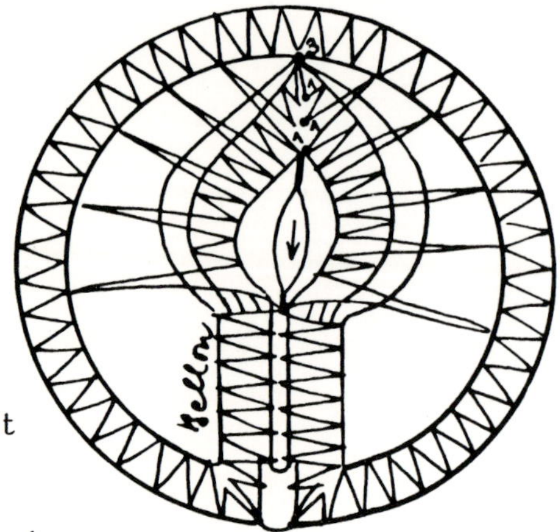

Muster 15

Kerze im Kreis

Klöppel:	4 Paare	2 Paare
Material:	Leinen 60/2	Metallfaden

Begonnen wird hier an der Spitze des Lichtscheines, der in Halbschlag geklöppelt wird, dann folgt die erste Kerzenhälfte in Leinenschlag. Das linke Paar mit Metallfäden und das nächste Längspaar bleiben unten liegen und werden auf der Gegenseite für die zweite Kerzenhälfte wieder mitgenommen. Den Ganzschlagkreis klöppelt man mit 4 Paaren. Nach dem Zusammenhäkeln am Schluß nimmt man für den Formschlag ein weißes und das innere Metallfaden-Paar. Der Laufklöppel muß Metallfaden haben. Die übrigen Paare werden verknüpft. — Soll die Kerze ohne den Kreis geklöppelt werden, beginnt man am besten unten an der Kerze.

Muster 16

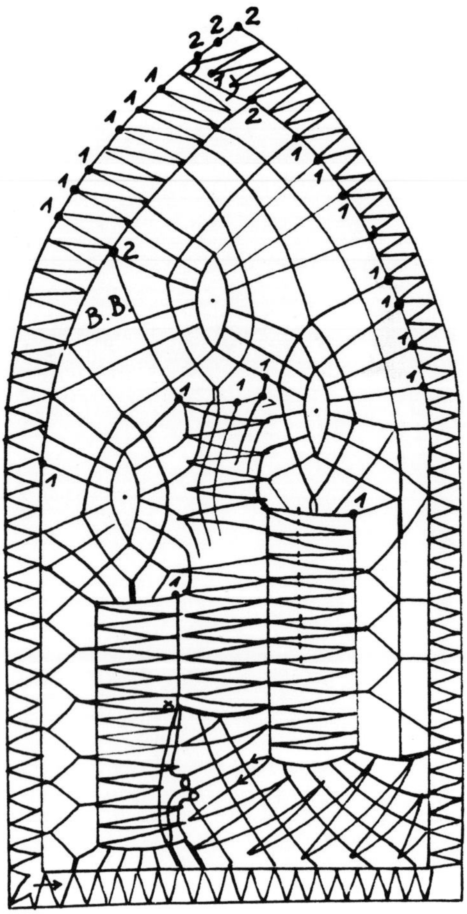

Muster 16

Drei-Kerzen-Motiv

Klöppel: 31 Paare
Material: Leinen 50/2 bis 60/2

Dieses Spitzbogen-Motiv wird in ganzer Breite geklöppelt, deswegen die hohe Anzahl der Paare. Die Flamme läßt sich als Spinne oder halbe Spinne mit Formschlag ausführen. Am Ende der mittleren Kerze sind 2 Paare zu verknüpfen. Am Schluß werden die Paare ins untere Leinenschlagrändchen genommen und herausgelegt.

Abbildung auf Seite 29

Muster 17

Runder Anhänger mit Perlen

Klöppel: 3 Paare 1 Paar
Material: Leinen 60/2 Metallfaden

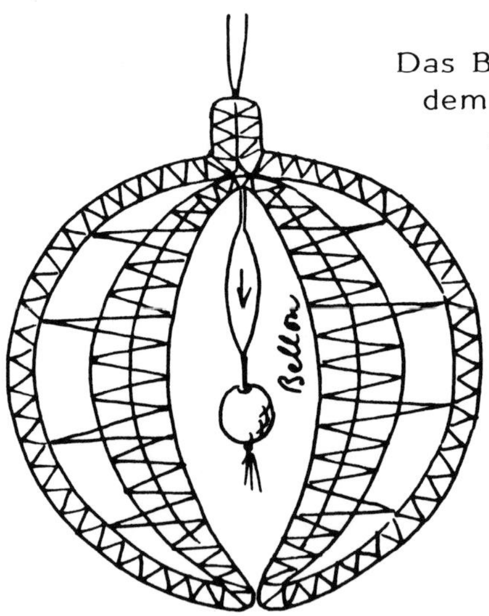

Das Bändchenmotiv wird oben begonnen. Nach dem äußeren rechten Leinenschlag-Rändchen folgen die beiden Ganzschlagbogen innen und das linke äußere Rändchen. 2 Paare verwendet man für den Formschlag. Nach dessen Ende werden einige Perlen auf die Fäden gezogen. Der Knoten muß natürlich groß genug sein, damit die Perlen nicht herunterrutschen. Oben kann ein Paar gleich für die Anhängeschlaufe verwendet werden.

Muster 17 und 18

Muster 18

Glocke im Ring

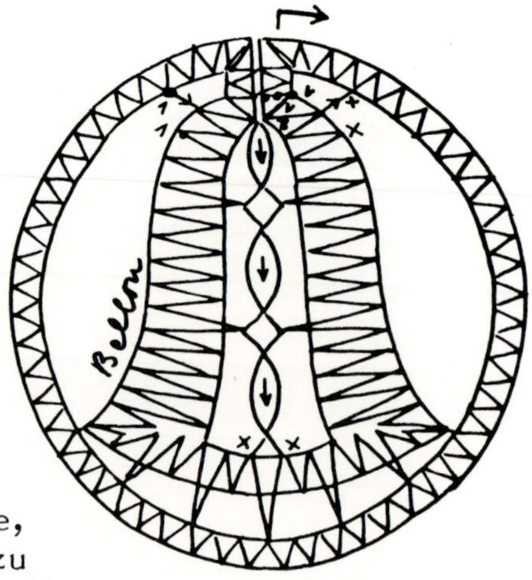

Klöppel: 5 Paare 1 Paar
Material: Leinen 60/2 Metallfaden

Der Ring wird mit 4 Paaren geklöppelt und oben begonnen. Nach dem Schließen des Ringes geht man zur Glocke über und führt das Metallfaden-Paar mit Leinenschlägen durch die Paare, damit es an die Außenseite der Glocke zu liegen kommt. Zweimal nach innen große Ösen legen. Der untere Bändchenteil ist in Leinenschlag geklöppelt. Ist das zweite Halbschlagbändchen fertig, Metallfaden-Paar mit Leinenschlägen durch die anderen Paare zum Formschlag führen. Außen nimmt man Klöppel mit weißen Fäden. Mittlerer Längsklöppel und Laufklöppel sollten Metallfaden tragen.

So werden die Metallfäden von der Außenseite des Rändchens nach außen zur Glocke geführt:

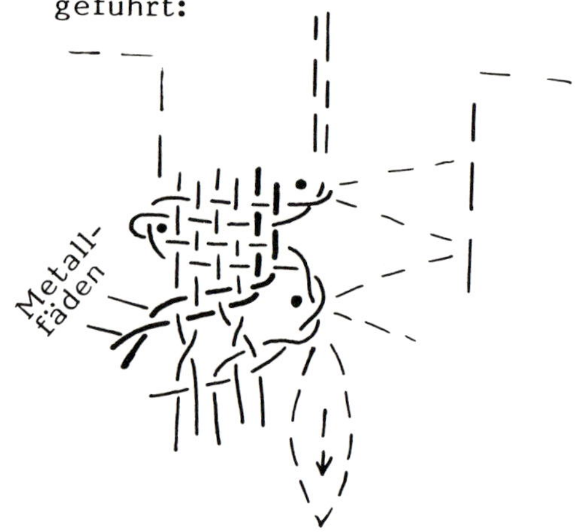

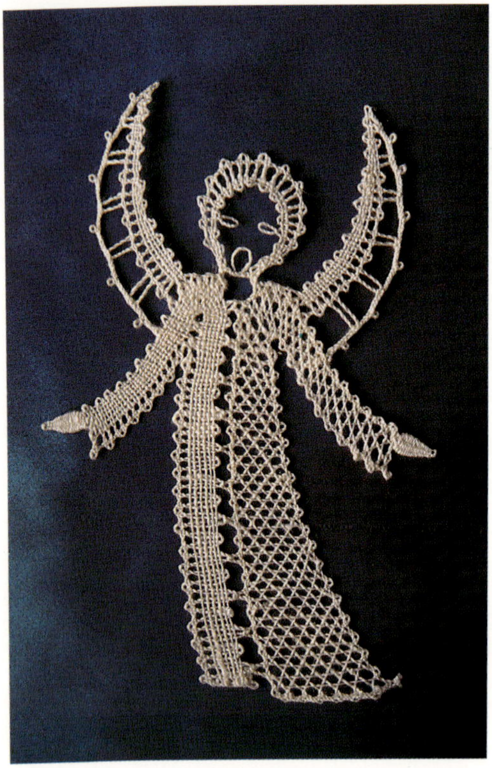

Muster 19
Singender Engel

Die Glocke kann auch ohne Ring geklöppelt werden. Das hier abgebildete Muster wurde um 10% vergrößert und mit 7 Paaren gearbeitet.

Muster 19

Singender Engel

Klöppel: 9 Paare
Material: Leinen 60/2

Die Teile des Motives sind von A bis E nacheinander zu klöppeln:

A) Zuerst Hand und Arm, dann Körperhälfte in Halbschlag. Unten mit Flechter abschließen. Bevor bei x ein Paar aus dem Halbschlag in den Flechter genommen wird, ein "altes" Paar hinauslegen und verknoten.

B) Arm und Körperhälfte in Leinenschlag, Laufpaar bei jeder zweiten Öse anhäkeln, unten Paare verknoten.

C) Kopf nach beiden Seiten anfangen. Augen und Mund sind große Zänkelchen — also oft drehen! Vom Hals aus je 3 Paare zu den Flügeln führen: ein Paar oben an Ösen anhäkeln, mit 2 Paaren über Rändchen flechten.

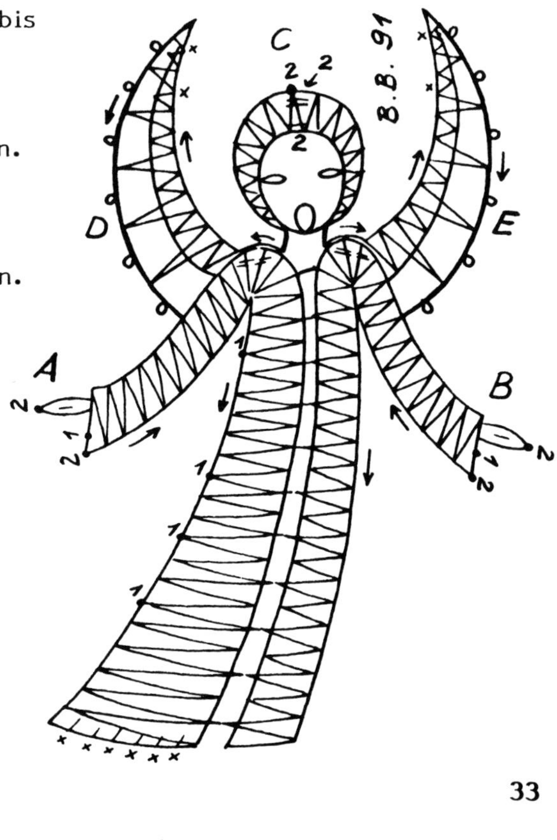

Beginn des Kopfes:
Rändchen nach
beiden Seiten

D) Linker Flügel: das Rändchen (4 Paare) bis zur Spitze klöppeln, 2 Paare verknoten, Flechter zurück zum Arm.
E) Rechten Flügel wie linken.

Bei X jeweils ein Paar verknoten.

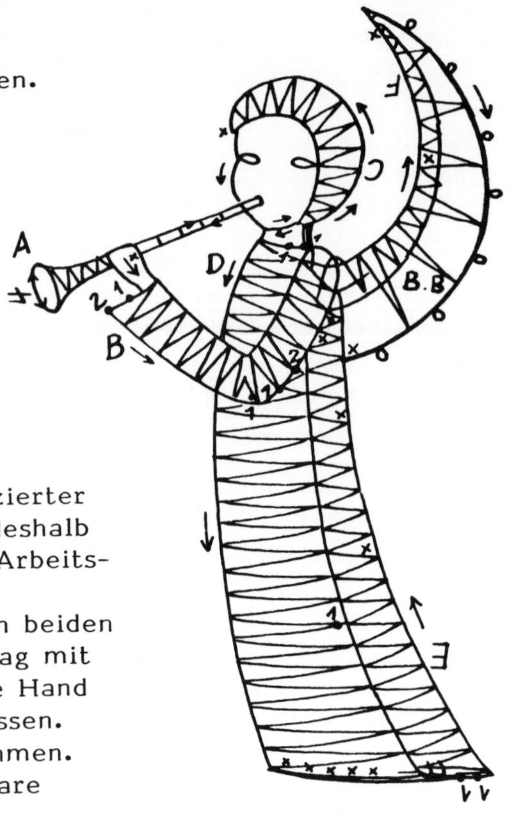

Muster 20

Flöte spielender Engel

Klöppel: 11 Paare
Material: Leinen 60/2

Dieser Engel ist etwas komplizierter zu klöppeln als der singende, deshalb sei zu ihm eine detailliertere Arbeitsanleitung gegeben:

A) Mit 4 Paaren Flechter nach beiden Seiten, Flöte in Leinenschlag mit Innennadel. 2 Paare für die Hand verwenden, übrige liegenlassen.
B) 3 Paare für Ärmel dazunehmen. An der Schulter links 2 Paare liegenlassen für Flügel.
C) Haar mit restlichen 3 Paaren klöppeln. An Stirn 1 Paar verknoten. Gesicht als Flechter, Augen als Zänkelchen. Die beiden Paare von der Flöte zum Mund und wieder zurück zur Hand flechten, ab und zu zusammenhäkeln, auf der Hand verknüpfen.
D) Vordere Seite des Gewandes in Halbschlag. Dazu noch 2 Paare einhängen. Paare über Ärmel hinwegdrehen. Nochmals 4 Paare lt. Angabe einhängen. Am Saum bei x jeweils 1 Paar verknoten (5mal).
E) Zu den aus dem Halbschlagrand kommenden Paaren noch zwei neu einhängen, nun Leinenschlag klöppeln (mit 6 Paaren). Bei x jeweils 1 Paar verknoten (4mal). Es bleiben noch 2 Paare übrig.

F) Mit diesen Paaren und den beiden liegengebliebenen aus der Schulter Leinenschlagteil des Flügels klöppeln. Zur Spitze hin 2mal 1 Paar verknoten. Restliche 2 Paare für den Flechter verwenden, der an die langen Ösen angehäkelt wird.

So sieht der Anfang der Flöte aus:

Beginn des Flechters nach beiden Seiten:

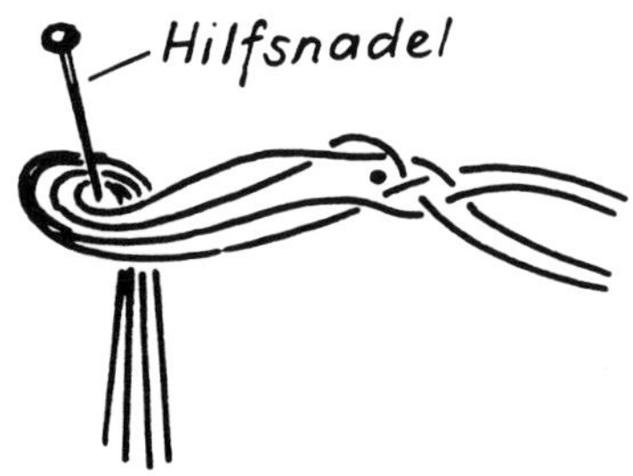

Muster 21

Stern

Klöppel: 8 Paare
Material: Leinen 60/2

Auch dieser Stern ist ein Beispiel dafür, wie durch kleine Abänderungen reizvolle Variationen entstehen.
Auf dem Klöppelbrief ist die Mitte für die Flechterversion gezeichnet. Das kleine Sechseck wird — wie bei Muster 12 — gleich zu Anfang mitgeklöppelt, wenn der Flechter das erste Mal nach innen kommt.

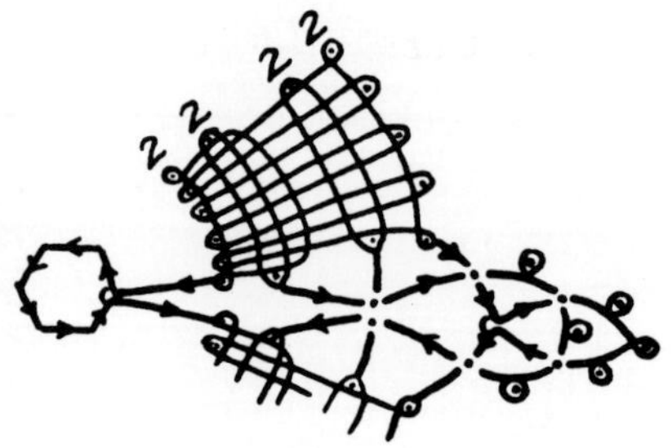

Schemazeichnung vom Anfang des Sternes und Verlauf der Paare

Version 1

Version 2

Bei der zweiten Version des Sternes wurden die Flechter in der Mitte durch Drehstellen ersetzt, wodurch das innere Ganzschlagpaar einen Kreis bildet. Außerdem wurde bei diesem Stern außen eine geflochtene Zacke weggelassen.

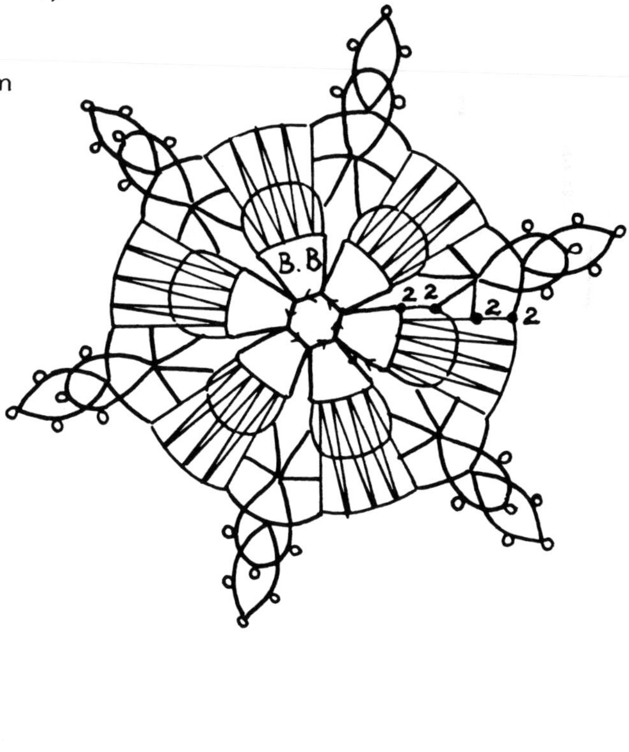

Muster 22

Kerze

Klöppel: 12 Paare
Material: Leinen 50/2

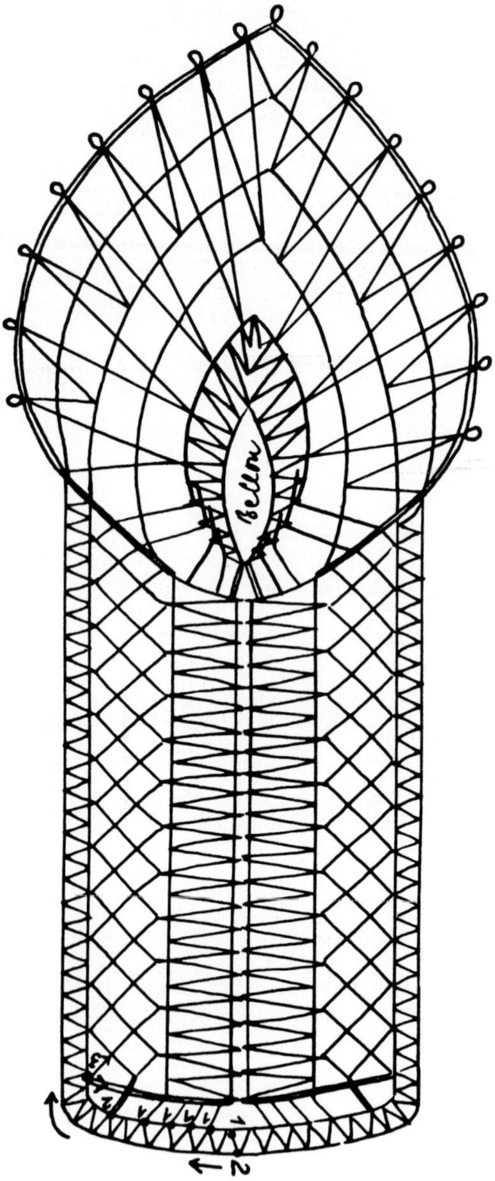

Das Motiv ist eine Vereinfachung des Musters 9 und wird im Prinzip in der gleichen Weise geklöppelt. Wo wieviel Paare eingehängt werden müssen, ist aus dem Klöppelbrief ersichtlich.

Muster 23

Bäumchen

Klöppel: 9 bis 10 Paare
Material: Leinen 60/2

Man beginnt an der Spitze mit 4 Paaren und hängt die restlichen Paare laut Angabe auf der Zeichnung dazu.
Bei diesem Motiv kommt es nicht darauf an, jeden Schlag wie auf der Abbildung zu klöppeln.
Prinzipiell klöppelt man enge Stellen in Leinenschlag, weitere in Ganzschlag und dreht gegebenenfalls zusätzlich.
Mittels Flechter führt man die Paare von den äußeren Spitzen immer wieder zurück zu den engen Stellen. Wenn das dritte Paar dazukommt, nimmt man zum Flechten zweimal je 1 Faden und zweimal je 2 Fäden.
Beim Abschluß verknotet man an den mit x gekennzeichneten Stellen jeweils 1 Paar — nicht das neu hinzukommende Paar, sondern eines vom Flechter.

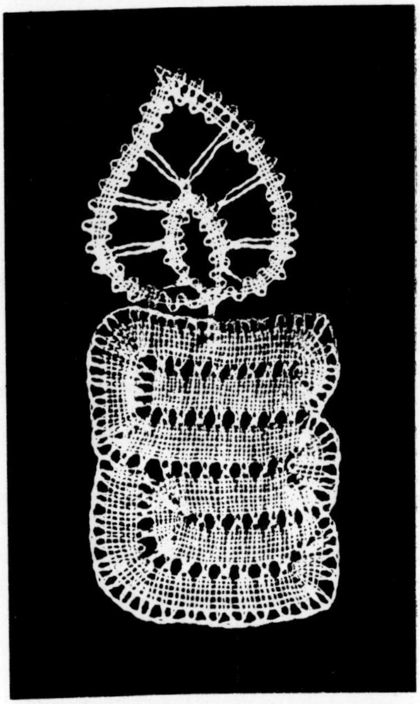

Muster 24

Stumpenkerze

Klöppel: 5 Paare
Material: Leinen 60/2

Beginn laut Angabe auf dem Klöppelbrief. Bändchen in Leinenschlag klöppeln, an der Außenseite der Kerze immer Ganzschlag mit Innennadel. An der Flamme wird neu begonnen. Vom äußeren Kranz aus wird nach innen gedreht und eingehäkelt. Abschließend wird der Docht zur Kerze hin geflochten. Die Paare werden dort verknüpft.

Muster 25

Sternchen

Klöppel: 8 Paare 1 Paar
Material: Leinen 60/2 Kontur- oder Metallfaden

Fürs Rändchen benötigen wir 4 Paare mit dünnem Garn. In dem Gäßchen, das durch das gedrehte Laufpaar zwischen den Leinenschlägen innen und dem Ganzschlag außen gebildet wird, läuft das Paar mit Kontur- oder Metallfaden. Nach jedem Durchlauf des Laufpaares durch die Konturfäden werden letztere einmal gedreht (siehe Zeichnung unten).
Zwei Flechterpaare laufen nach Cluny-Art immer wieder durchs Bändchen von einer Seite zur anderen. Da, wo eine Drehstelle durch ein Flechterkreuz läuft, wird eine fünfpaarige Verbindung geklöppelt.
Die Mitte führt man aus wie bei Muster 14.

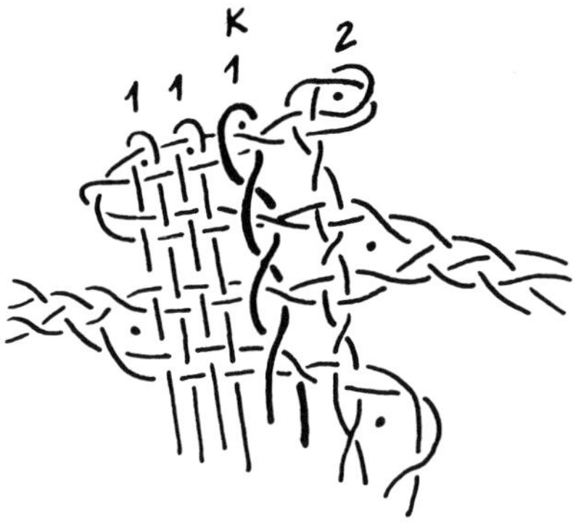

Fadenlauf beim
Rändchen-Anfang

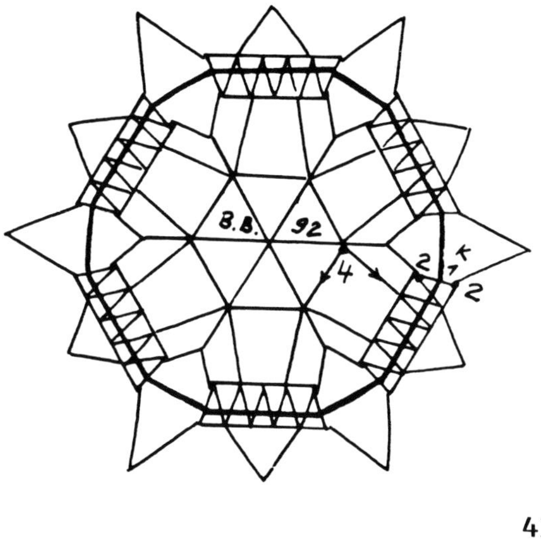

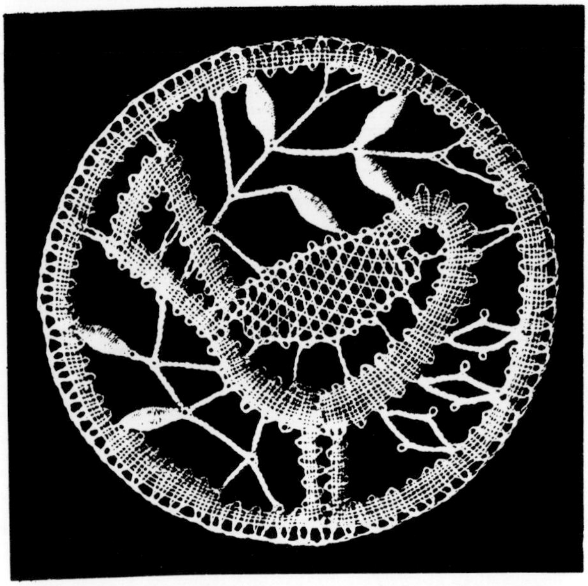

Muster 26

Aufhänger 'Vogel'

Klöppel: 10 Paare
Material: Leinen 60/2

Wir beginnen beim Vogel am Bauch mit 6 Paaren und klöppeln zum Kopf hin. Einmal wird 1 Paar hinausgelegt, und zwar zur Innenseite hin. Bei Beginn des Halbschlages werden am Auge 2 weitere Paare eingehängt. Der nächste Verbindungssteg ist ein falscher Flechter, dann kommt der Steg, der durch das vom Leinenschlag in den Halbschlag geführte Paar gebildet wird. Der dritte Steg wird durch falschen Flechter gebildet. Beim nächsten Steg legt man 1 Paar hinaus und beim letzten 2 Paare. Nach Fertigstellung des Vogelkörpers gehen 3 Paare ins Bein über, 2 Paare werden zum nächsten Flechter geführt. Der Rest wird verknüpft. Vom Bein aus laufen die Paare in den Außenrand, der zusammen mit den Zweigen und Blättchen geklöppelt wird. Wo noch Paare eingehängt werden müssen, ist auf dem Klöppelbrief angegeben.

Muster 27

Aufhänger 'Herz'

Klöppel: 8 Paare
Material: Leinen 60/2

Bei diesem Motiv habe ich zuerst den äußeren Ring mit 4 Paaren geklöppelt. Wo der Leinenschlag in den Halbschlag des Herzens übergeht, müssen 2 Paare zugehängt werden. Ins breiter werdende Band kommen nacheinander noch 2 Paare dazu. Für die Formschläge werden die Paare aus dem Rändchen genommen. Die zweite Herzhälfte wird in entgegengesetzter Reihenfolge geklöppelt. Aus dem Herzen läuft wieder ein Leinenschlagbändchen mit 4 Paaren nach oben hinaus. Ein Paar kann gleich für die Aufhängeschlaufe verwendet werden. Die übrigen Paare verknüpft man.

Muster 28

Segelschiffchen

Klöppel: 8 Paare
Material: Leinen 60/2

Zuerst klöppelt man den Leinenschlagrand des Segels. Sind die Paare aus dem Leinenschlag eingehäkelt, verwendet man eines von ihnen als Laufpaar für den Ganzschlag und eines fürs rechte Längspaar. Die übrigen Paare verknüpft man. Für den Ganzschlag werden 2 weitere Paare an den angegebenen Stellen eingehängt. Den Bootsrumpf klöppelt man von der Spitze aus nach hinten. Die Paare werden am Schluß auf den Leinenschlag zurückgelegt und dort verknotet.

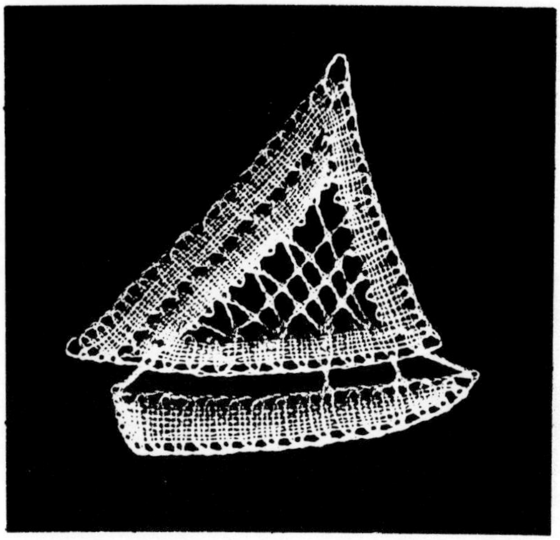

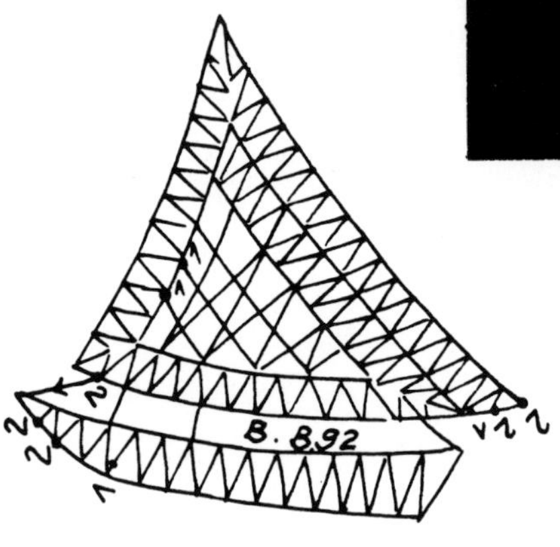

Muster 29

Aufhänger 'Schneemann'

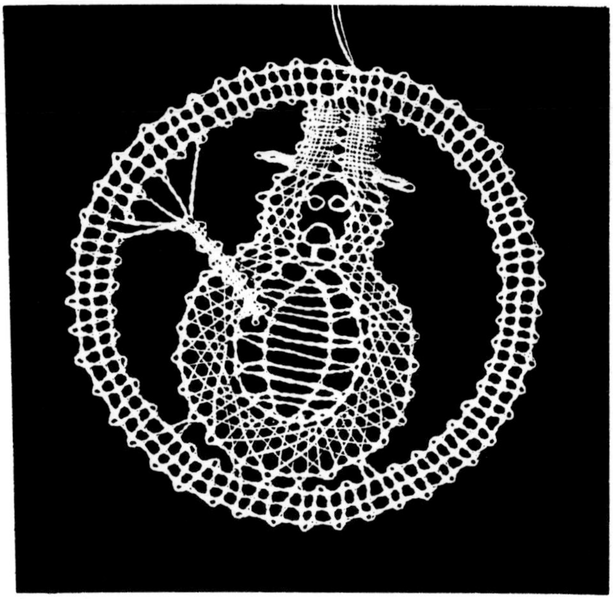

Klöppel: 9 Paare
Material: Leinen 60/2

Wir klöppeln den halben Hut des Schneemannes, gehen vom Leinenschlag zum Halbschlag über und klöppeln das Bändchen bis zum Besenstiel. Für diesen hängen wir 3 Paare ein und klöppeln ihn. Diese Paare können erst später verknüpft werden, wenn der äußere Rand geklöppelt wird. Das Halbschlagbändchen wird nun über den Besenstiel weitergeführt. Vom Hut gehen 4 Paare in den äußeren Rand über. Am Schluß wird die Mitte des Schneemannes ausgefüllt. Augen und Mund bestehen aus großen gedrehten Ösen.

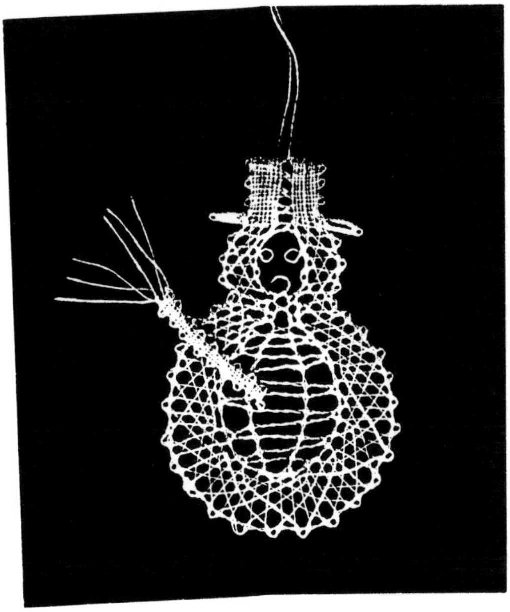

Muster 30

Bäumchen im Grund

Klöppel:	20 Paare	2 Paare
Material:	Leinen 60/2	Konturfaden

Recht einfach läßt sich das Bäumchen mit dickem Konturfaden in den Torchongrund (Löcherschlag) einarbeiten. Mit ein und demselben Klöppelbrief kann man das Motiv oben mit einer Spitze (für Anhänger oder Lesezeichen) oder mit einem geraden Abschluß arbeiten.

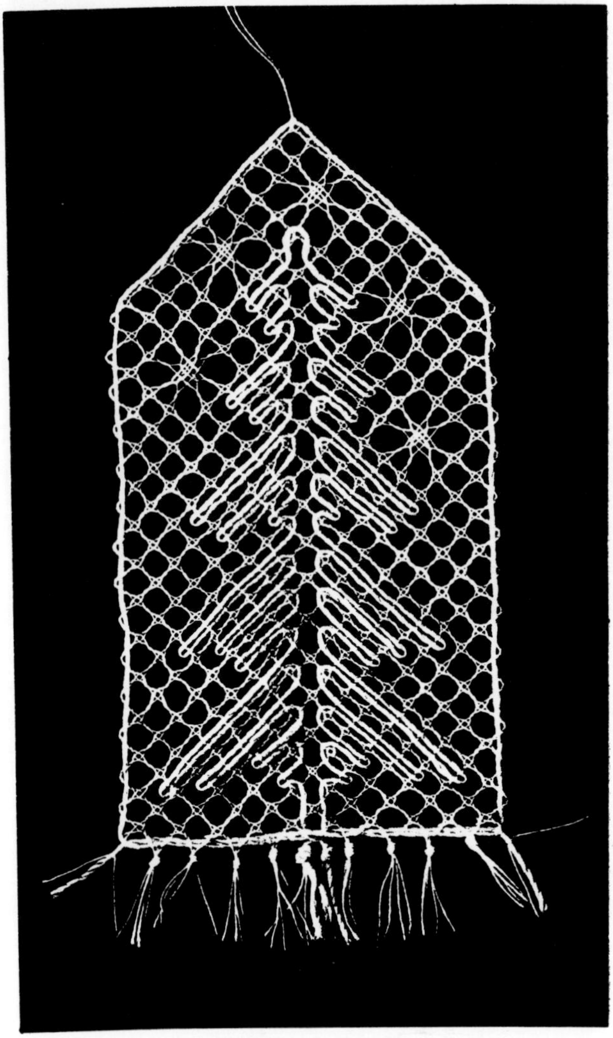

Das Bäumchen selbst läßt sich auch variieren. Die Abbildungen zeigen in einem Fall, wie der Konturfaden nur bis vor die Nadeln der Mittelachse läuft und dann wieder zurückgeht. Im anderen Fall läuft er um die Nadeln der Mittelachse herum, und zwar abwechselnd einmal der linke und dann der rechte. Der äußere Konturfaden kann auch durch ein Leinenschlagrändchen ersetzt werden.

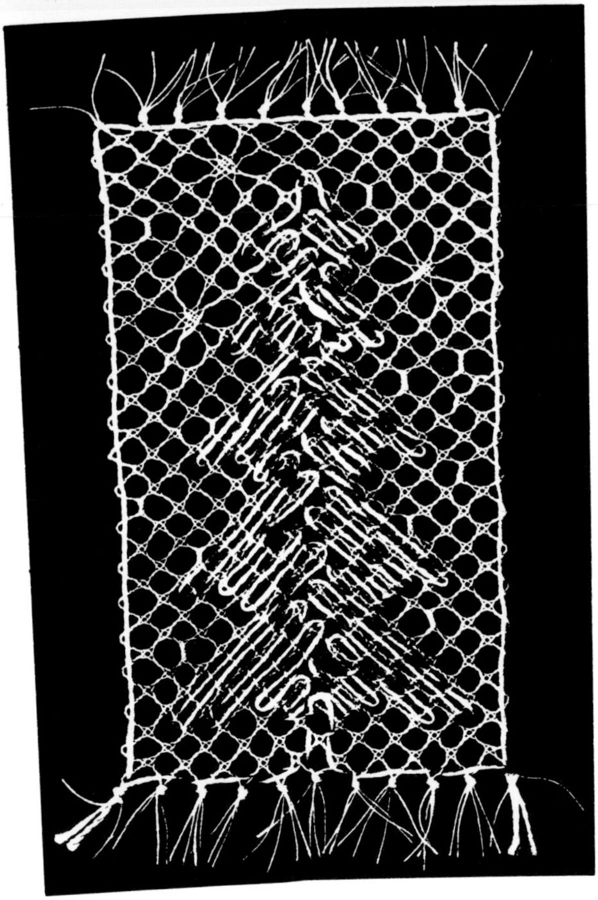

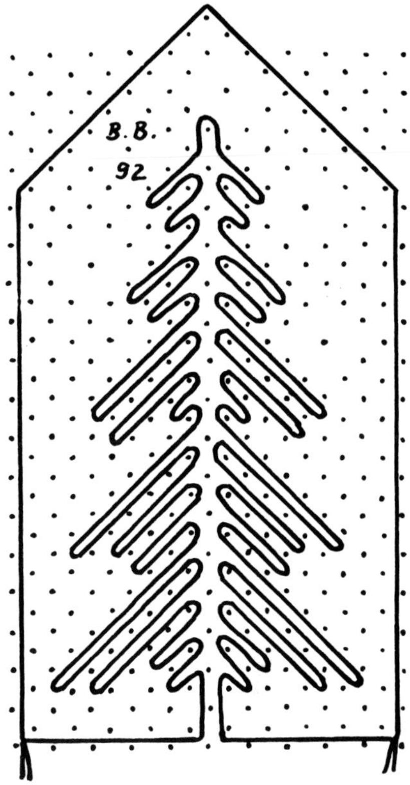

Muster 31

Krippenbild

Klöppel: ca. 25 Paare
Material: Leinen 60/2

Dieses Krippenbild ist für geübte Klöpplerinnen gedacht. Nur in groben Umrissen soll aufgeführt werden, wie die einzelnen Teile des Bildes der Reihe nach geklöppelt werden. Jede Klöpplerin kann nach Gutdünken anders verfahren.

1. Stern am oberen Berührungspunkt mit dem Außenrand beginnen.
2. Außenrand — mit Paaren vom Stern — nach oben klöppeln, über die Spitze hinweg, dann Paare hängenlassen.
3. Oberer Strahl, Paare von ihm mit in den Außenrand nehmen.
4. Außenrand ganz.
5. Zweiter Strahl, 3 Paare für Josef, 3 für Drehstellen verwenden.

6. Josef, Paare vom Ärmel hängenlassen, übrige Figur fertigklöppeln.
7. Ärmel, Hand, Paare teilen für Stock nach oben und nach unten.
8. Maria, für Hand 2 Paare einhängen und liegenlassen, auch die übrigen Paare, die aus dem Umhang herausgehen, liegenlassen und Figur fertigklöppeln.
9. Krippentrog.
10. Heiligenschein mit Paaren aus dem Trog.
11. Beine der Krippe.
12. Dritter Strahl von unten nach oben.
13. Vierter Strahl ebenfalls von unten nach oben.

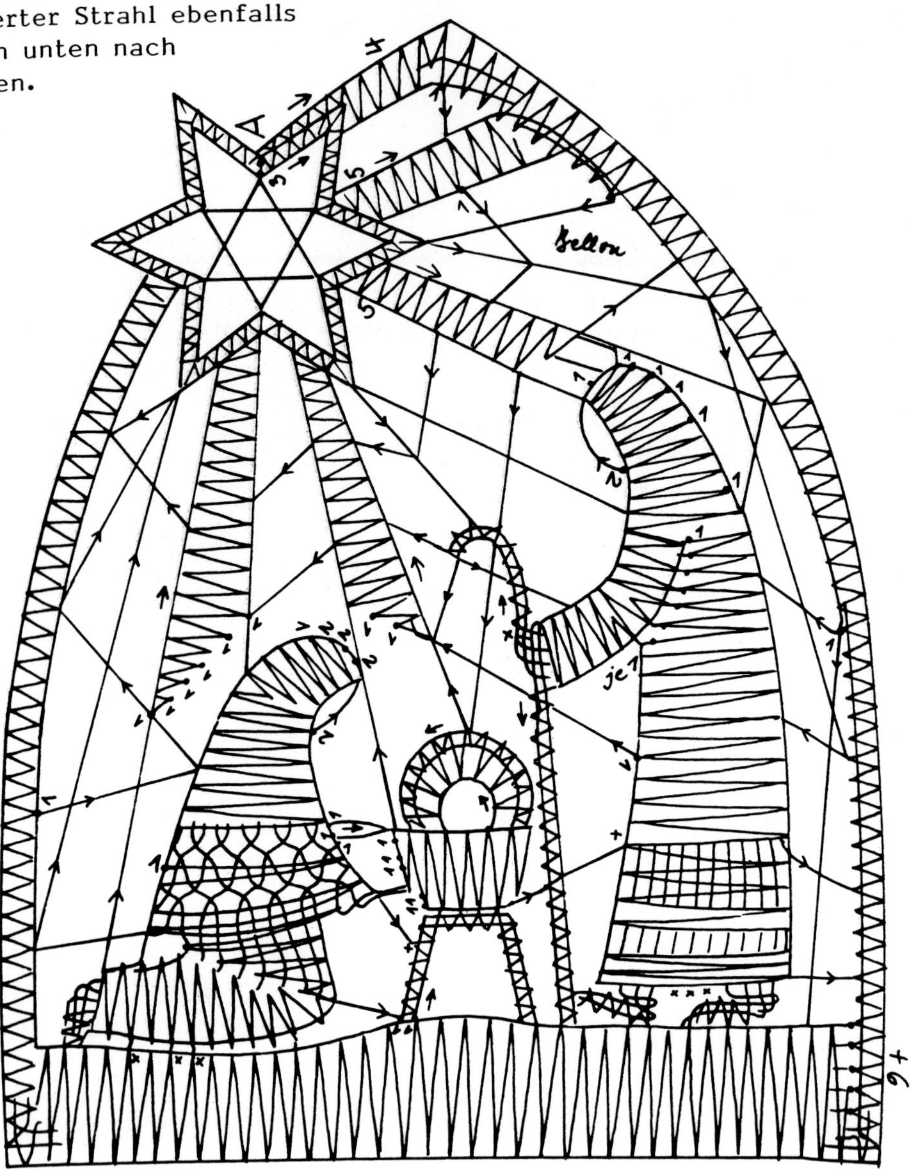

Es müssen immer wieder mal Paare liegenbleiben, bis der jeweilige Bildteil, für den sie nötig sind, geklöppelt wird.

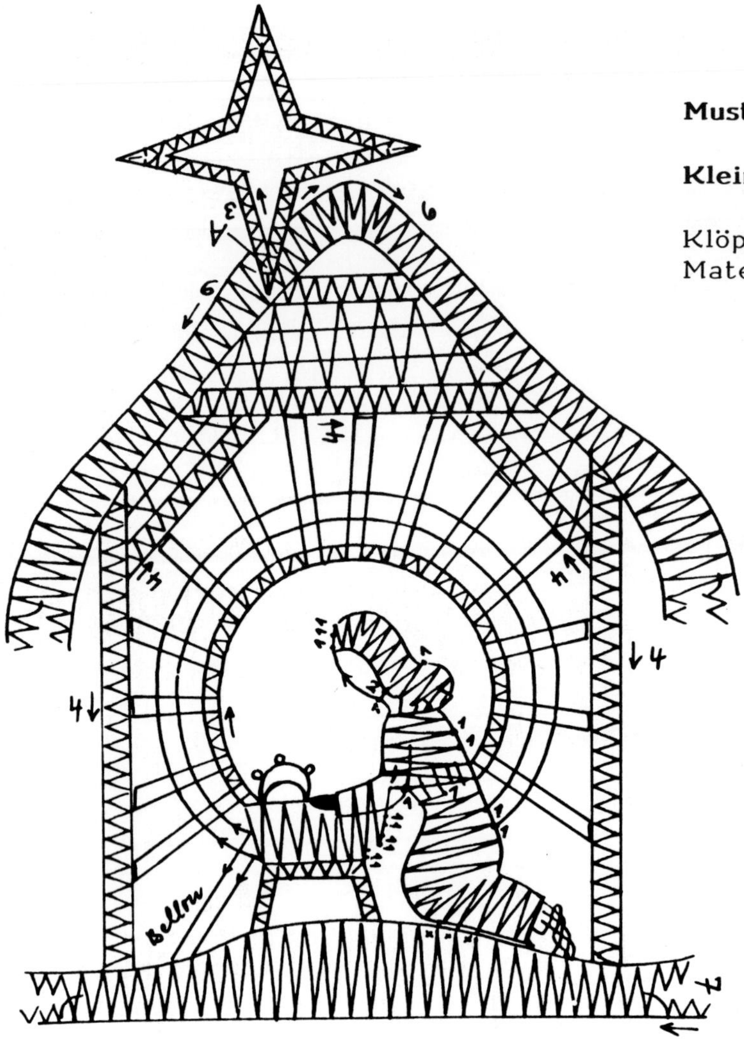

Muster 32

Kleines Krippenbild

Klöppel: 13 Paare
Material: Leinen 90/2

1. Stern unten beginnen, nach Schließen
2. Paare für eine Seite des Daches verwenden, andere Dachseite folgt.
3. Boden.
4. Wände und Gebälk im Giebel.
5. Maria: Paare für Unterarm liegenlassen, bis übrige Figur fertig ist.
6. Arm, Krippentrog und Köpfchen.
7. Heiligenschein.
8. Beine der Krippe.

Das Motiv eignet sich gut zum Aufbrauchen von Garnresten und zur Verwendung verschiedener Garne. Wer dickeren Faden nimmt, um der Hütte ein rustikales Aussehen zu geben, setze die Nadeln nach Augenmaß.

B.B.
2

B.B.

Muster 33

Abschlußspitze mit Kerzen für Tischläufer

Ausführung: Sr. Gabriele Neumeier, Abenberg

Klöppel: 23 Paare
Material: Leinen 40/2 oder 50/3

Zuerst das innere, gerade Rändchen (5 Paare) für sich klöppeln, damit am Ende nicht zuviele Paare an der Ecke zum Verknüpfen zusammenkommen. An der Stirnseite hängt man die erforderlichen Paare lt. Angabe auf dem Klöppelbrief ein.
Ansonsten sind zu dem einfachen Torchon-Muster keine großen Erklärungen nötig. Die Umrandung der Flamme kann man evtl. mit Ganzschlag - Nadel - Ganzschlag klöppeln.

Klöppelbrief-Hälften auf Seite 52

Bezugsadressen

Klöppel, Garne, Nadeln, Klöppelkissen etc. bekommen Sie bei (Auswahl):

- Rittersgrüner Klöppelboutique
  Barbara Neubert
  Karlsbader Str. 43
  08355 Rittersgrün

- Die Klöppelkiste
  Gabriele Kister-Schuler
  Wasserschloß Klaffenbach
  09221 Klaffenbach

- Werkstatt Textil
  Ellen Meyer
  An der Obertrave 42
  23552 Lübeck

- Heikina de Ruÿter
  Postfach 12 22
  26828 Bunde

- Susanne's Stricknadeln
  Postfach 80 27
  72740 Reutlingen

Klöppelbücher aus dem In- und Ausland erhalten Sie bei:

- Barbara Fay
  Versandbuchhandlung
  Am Goosberg 2
  24340 Gammelby

Eine reiche Auswahl von Klöppelbedarfsartikeln finden Sie bei den jährlichen Verkaufsmessen anläßlich der Kongresse des Deutschen Klöppelverbandes e.V.

- Deutscher Klöppelverband e.V.
  Geschäftsstelle c/o Frau Marianne Stang
  Am Tomberg 16
  52531 Übach-Palenberg